Il était une fois le Royaume du Waalo

(Pour petits et grands)

Auteur : Cheikh Oumar DIA

Illustratrice : Betty KANDÉ

Infographiste : Alioune THIAM

Premier dépôt légal : Décembre 2021
ISBN: 978-2-9581410-0-4
Imprimé au Sénégal
Première édition

À notre grand père **Yoro Boly Diaw**, premier historien
à manifester le désir d'écrire sur le Waalo. Il nous a légué
des monographies constituant un patrimoine culturel unique
sur les traditions de la vallée du fleuve Sénégal.
Il a également décrit et démontré, près de 50 ans avant
Cheikh Anta Diop, que les peuples de la Sénégambie venaient
de l'Egypte pharaonique à travers au moins six migrations.

Au Professeur **Boubacar Barry**, auteur du livre :
« Le royaume du Waalo. Le Sénégal avant la conquête »
devenu un classique pour les étudiants du monde entier.
À l'image du Waalo, vous représentez une Afrique unie,
celle d'un peuple sans couture.
« Il était une fois le Royaume du Waalo » est comme un cadeau
d'anniversaire, près de 50 ans après la publication de votre livre
et illustre que vous avez su merveilleusement
transmettre votre savoir avec beaucoup de générosité.

Endure donc, d'une belle endurance.

Dieu est avec les patients.

À Médina, Aïchou et Mamadou

Nourri par le fleuve Sénégal à l'Est et abreuvé par le lac de Guiers au Sud, le Waalo, qui littéralement décrit une eau qui coule en Wolof, était à cheval entre l'actuelle Mauritanie et le Sénégal. A l'image des grandes civilisations unies à leur cours d'eaux, le Waalo était un delta prospère.

En effet, l'eau qui entourait le Waalo était une source de vie et d'abondance. Ainsi, les Waalo-Waalo, nom donné aux habitants du Waalo, outre la pêche, cultivaient l'arachide, le mil, la citrouille, la patate, le haricot, le melon, l'indigo, la canne à sucre et bien d'autres denrées qui attiraient hommes et femmes venus de contrées lointaines. Le Waalo était donc un poumon économique de l'époque pour l'ensemble de la vallée du fleuve Sénégal.

Les maures, notamment, friands de ces légumes, les échangeaient avec du sel, de la gomme arabique ou encore du henné qu'ils ramenaient de leur pays. Ce troc était plutôt vu comme un échange de bons procédés et avait l'appellation particulière de « Barké-Barké ».

Le Waalo c'est aussi l'histoire d'un royaume où il y a fort longtemps tous les peuples vivaient en harmonie. Nous connaissons son organisation et ses coutumes notamment grâce à notre arrière, arrière... arrière-grand-père Yoro Boly Diaw qui est le premier sénégalais à écrire sur les traditions et les coutumes du Sénégal en douze cahiers.

En effet, le Waalo n'était pas seulement une terre d'agriculture, elle était aussi une terre de culture et de métissage entre différents peuples. Ndiadiane Ndiaye dont le prénom à juste titre signifie «l'homme aux miracles» avait réussi cette union par sa sagesse légendaire et sa construction d'un terroir où chaque individu est important quel que soit sa couleur de peau, sa langue ou ses coutumes.

Cet état d'esprit se reflétait jusque dans le choix du roi du Waalo. Ainsi, pour avoir l'honneur de porter ce titre, il fallait d'une part avoir le nom de famille Mbodj et d'autre part il fallait appartenir à l'une des trois lignées maternelles dites Meen. Elles étaient constituées des Loggar, d'origine Maures, des Diouss d'appartenance Sérères et enfin des Tedyek d'origine Peuls.

Les candidats étaient choisis par le Conseil du « Seb ak Baor » au cours d'une assemblée nationale regroupant tous les dignitaires du royaume en particulier ses trois grands électeurs que sont le Diawoudine, Maître de la terre; le Diogomay, Maître des eaux et le Maalo, Trésorier du royaume.

Le roi démocratiquement élu - car oui le Waalo était une leçon de démocratie pour son époque et pour le monde d'aujourd'hui - prenez comme premier Vice-Président et deuxième Vice-Président respectivement le deuxième et le troisième candidat. Le roi offrait également sa fille en mariage à l'un de ses adversaires déchus créant ainsi un sentiment d'appartenance de chaque couche de la population ainsi qu'une paix sociale et une cohésion royale.

Cependant, être élu ne faisait pas du roi un roi ou du moins pas encore. Il devait passer une série d'épreuves parmi lesquelles enjamber une chèvre et un mouton d'une couleur unie ou encore sortir un poisson de l'eau.

Une fois que le roi s'était acquitté brillamment de toutes ces épreuves, il devait encore prêter serment et écoutait attentivement les enseignements du Diawoudine qui lui rappelait que « tu n'es pas mieux que les autres habitants » et « tu as trouvé un royaume que tu vas laisser et transmettre à un autre après toi pour continuer ton œuvre ». Cette philosophie était résumée en trois mots de la langue wolof « Fek – Bayi – Khetali », traduisant ainsi un sens moral et politique exemplaire.

Ensuite, le nouveau roi pardonnait à tous ceux qui ont été emprisonnés par son prédécesseur et invitait tout habitant qui s'était exilé pour une raison ou pour une autre à revenir sur la terre de leurs ancêtres afin de la cultiver, au propre comme au figuré, dans la stabilité et à l'unisson. Bien avant donc l'hymne national du Sénégal écrit par le Président - Poète Senghor, le Royaume du Waalo unissait déjà « la mer et les sources » et dressait « un même peuple, un peuple sans couture ».

Ce n'est seulement qu'après cet ultime passage qu'il était intronisé officiellement Roi du Waalo et portait le titre de Brack. Il recevait une arme symbolique représentant sa charge de défendre son royaume et ses habitants, il recevait également des calebasses remplies de tout ce qui se cultivait et représentait la richesse du Waalo.

Le Waalo était donc un royaume qui portait à sa tête une personne juste choisie par sa population pour sa population mais il n'était pas forcement toujours dirigé par un homme...Oui, les femmes du Waalo, considérées comme source de prospérité, présidaient elles-mêmes à la destinée de leur peuple et de leur terroir en étant au-devant ou en nommant des hommes à la tête du royaume. Ainsi, le Waalo a eu des reines, des mères et des femmes d'exception à l'instar de la plupart des contrées sur lesquelles le Sénégal s'est bâti.

waalo

Ces braves femmes ont marqué l'histoire à jamais par leur bravoure, leur noblesse et leur force de caractère. Dans l'ordre protocolaire, la première Dame était appelée Linguère et devait être la mère ou la sœur du Brack tandis que la première femme de ce dernier était dénommée Awo.

Et en parlant de « Jigueen bou moune goor », l'expression consacrée en Wolof qui se traduit littéralement par « femme plus forte qu'un homme », les griots louent, les anciens rappellent, les mémoires se souviennent et l'histoire retient ce fameux Tallataye Nder.

Oui, c'était un mardi, plus exactement le 07 Mars 1820, date symbolique qui mériterait d'être une référence universelle et portée au panthéon de la célébration du mouvement des femmes. Les hommes étaient aux travaux champêtres et le Brak régnant, Amar Farim Borso, parti se faire soigner à Saint-Louis pour une blessure ainsi qu'une partie de sa cour, laissant seuls femmes et enfants.

Ce moment précis de l'histoire du Waalo, au carrefour de plusieurs convoitises et conflits, a donné lieu à un assaut des maures venus du Nord pour attaquer ces dames semblant vulnérables afin de les réduire en esclavage. Cependant, cela était peu connaître les femmes du Waalo qui s'unirent comme une seule femme, se déguisèrent pour être plusieurs hommes et se battirent corps et âmes contre les envahisseurs. De ce combat inégal, les sœurs d'âmes et d'armes se donnèrent aux flammes sans larmes dans un dernier élan de dignité pour préserver leur honneur et leur liberté. La Linguere Fatim Yamar Mbodj avait organisé la résistance et mis en lieu sûr les enfants dont ses propres filles deviendront des reines respectées et louées pour leur courage.

Elles s'appelaient Ndjeumbeut et Ndaté Yalla Mbodj. La première Ndjeumbeut s'unira à Mouhamadoul Habib, lui-même fils de l'Emir Ahmad Ould Al Muhtar de Trarza dont l'attaque avait causé la tragédie de Nder. La paix est retrouvée et de cette union naitra un fils Eli Ndjeumbeut symbolisant un pont entre la Mauritanie et le Sénégal.

De Ndaté Yalla, dernière reine du Waalo, naîtra également un fils. Il se prénommait Sidya, hérita du nom Diop de son père Sakoura, du prénom Léon de l'administration coloniale et était plus connu sous l'appellation qui le liait au courage de sa mère, Sidya Ndaté Yalla Diop. Son histoire héroïque est tout simplement une histoire à part entière qui a marqué le début du nationalisme contre la colonie française dès le 19ème siècle et sa fin tragique rappellent que certaines valeurs ne se perdent pas avec le temps. Sa vie singulière issue de cultures plurielles est tout simplement une histoire à part entière...

Lexique

À cheval : Avec une partie située d'un côté et une partie de l'autre.

Le delta : Dépôt d'alluvions émergeant à l'embouchure d'un fleuve et la divisant en bras de plus en plus ramifiés. Alluvion désignant un dépôt (cailloux, sables, boues) provenant d'un transport par les eaux courantes.

L'indigo : Plante fournissant l'indigo qui est une matière colorante bleue violacée.

La gomme arabique : issue d'un arbuste plus connu sous le nom « d'Acacia Sénégal » aux vertus multiples notamment dans les domaines alimentaire, pharmaceutique et cosmétique.

Le henné : Arbuste originaire d'Arabie (famille des Lythracées), répandu en Orient, et dont les feuilles séchées et pulvérisées fournissent une poudre colorante.

Le troc : Échange direct de biens sans intervention de monnaie.

La démocratie : Régime politique, système de gouvernement dans lequel le pouvoir est exercé par le peuple, par l'ensemble des citoyens.

Prêter serment : Jurer, affirmer de façon solennelle que ce que l'on va déclarer sera la stricte vérité.

La calebasse : Fruit du calebassier dont l'écorce, séchée, sert de récipient, d'objet de décoration.

La prospérité : Réussite, richesse, essor, aisance. Situation favorable, état d'abondance, de bonheur qu'il s'agisse de la situation d'un pays, d'une collectivité ou d'une personne.

Le griot : Il est l'artisan du verbe, il est historien, conteur, chanteur, musicien et dépositaire de la mémoire collective d'un peuple.

Le Wolof : Désigne à la fois l'ethnie et la langue nationale la plus parlée au Sénégal.

Champêtre : Qui se rapporte ou appartient aux champs.

Réduire en esclavage : Opprimer, priver de liberté.

Bibliographie

Barry, Boubacar. Le Royaume du Waalo, le Sénégal avant la conquête. Karthala, 1985, Hommes et sociétés. 420 pages. (Première publication 1972, Editions Maspero)

Sarr, Fatou Sow. Talaatay Nder, la véritable histoire de Nder racontée aux enfants. Laboratoire genre et Recherche Scientifique de l'IFAN, Université Cheikh Anta Diop de Dakar, 2010. 31 pages.

Seye, El Hadji Amadou. Walo Brack. Maguilen, 2003. 459 pages.

Thiam, Iba Der et al. Histoire Générale du Sénégal, Des origines à nos jours, Période 1817-1914. HGS, 2019. Tome III-Volume 1/A. 752 pages.

Médiagraphie

Diallo, Pape Cheikh, et al., Télé Futurs Médias. 2021, 08 Octobre. Wëndelu, Royaume du Waalo. YouTube vidéo, 3 :12 :27. https://www.youtube.com/watch?v=n4CC9F7Aovk.

Diaw, Amadou Bakhaw. 2s TV Senegal. 2016, 24 Avril. Demb, l'histoire du Waalo. YouTube vidéo, 32 : 41. https://www.youtube.com/watch?v=LA_iblXSl0c.

Diaw, Amadou Bakhaw et Tall, El Hadji Ngol Ngol. 2s TV Senegal. 2020. Demb, l'histoire de l'ancien royaume du Waalo. YouTube vidéo, 27 : 53. https://www.youtube.com/watch?v=PUjudF8-UbA.

Tall, El Hadji Ngol Ngol et al. 2s TV Senegal. 2020, 14 Mars. Spécial plateau du 07 mars 2020, bicentenaire Talata Nder. YouTube vidéo, 01 : 02 :31. https://www.youtube.com/watch?v=9lYw2_cVsNk.

Kandji, Mouhamed et al. ITV. 2021, 12 Septembre. Mboor, le Walo : de Ndiadiane Ndiaye à Yamar Mbodji. YouTube vidéo, 1 :24 : 14. https://www.youtube.com/watch?v=4bqa5b5FBeU.